EL BARCO DE VAPOR

Shola y Angeliño

Bernardo Atxaga

sm

Primera edición: junio 2006
Tercera edición: junio 2009

Dirección editorial: Elsa Aguiar
Coordinación editorial: Gabriel Brandariz
Cubierta e ilustraciones: Mikel Valverde

Impresores, 2
Urbanización Prado del Espino
28660 Boadilla del Monte (Madrid)
www.grupo-sm.com

ATENCIÓN AL CLIENTE
Tel.: 902 12 13 23
Fax: 902 24 12 22
e-mail: clientes@grupo-sm.com

ISBN: 978-84-675-0875-8
Depósito legal: M-20560-2009
Impreso en España / *Printed in Spain*
Orymu, SA - Ruiz de Alda, 1 - Pinto (Madrid)

LLEGÓ el caluroso verano y el señor Grogó se marchó de vacaciones llevándose con él a Shola.

–¿Adónde vamos? –preguntó Shola cuando ya iban por la carretera.

–Al campo, a la casa de una amiga que se cansó de vivir en la ciudad y decidió convertirse en pastora –le respondió el señor Grogó.

–Yo haré lo mismo algún día. Lo dejaré todo y me dedicaré a las ovejas –dijo Shola por decir algo que sonara bien.

Varias horas después, la carretera que llevaban entró en una zona de colinas. Las colinas eran verdes y estaban coronadas de árboles.

–¡Mira! ¡Allí es donde vive mi

amiga! Por cierto, se llama Begoña –dijo el señor Grogó señalando la cima de una de las colinas. En ella había dos construcciones: una casa normal y una cabaña. En un campo cercano, una veintena de ovejas pastaba tranquilamente.

Una vez allá arriba, hicieron sonar la bocina del automóvil para advertir

a Begoña de su llegada. No acudió nadie. Las ovejas levantaron la cabeza y les observaron un rato, pero no hubo más.

Salieron del automóvil y se pusieron a mirar alrededor. No se veía a nadie.

De pronto, alguien ladró. Un perro. Y los ladridos provenían de la cabaña.

–El perro y las ovejas están aquí, así que ella no debe de andar lejos. Voy a echar un vistazo –dijo el señor Grogó.

–Al parecer, tu amiga Begoña tiene por costumbre atar a los perros –dijo Shola con repentina seriedad.

–¿Begoña? No lo creo. ¿Por qué lo dices?

–Porque ese perro ladra, pero no se acerca. Si estuviera libre, se acercaría. ¡Seguro!

Los dos comenzaron a discutir, y Shola se encaminó hacia el auto afirmando que no quería saber nada

de la gente que ataba a los perros, y que deseaba volver cuanto antes a la ciudad. El señor Grogó levantó la voz y le dio una respuesta contundente:

–¡Begoña nunca haría una cosa así!

Justo en aquel momento apareció Begoña. Era una mujer aún joven, que llevaba una coleta en el pelo y tenía la piel muy morena, como las gentes del campo.

–Estaba terminando de hacer un queso, y por eso me he hecho esperar –dijo Begoña después de saludarles y dar un abrazo al señor Grogó–. ¿De qué hablabais? –continuó–. ¿Qué es lo que yo no haría nunca?

El señor Grogó le explicó lo sucedido. Shola creía que ella tenía una mala costumbre, la de atar a los perros. Pero él estaba seguro de que no. Por eso habían discutido.

–¿Atar? ¿A mi perro? ¿A Angeliño? –se sorprendió Begoña–. ¡Pero cómo se te ha ocurrido algo así! –exclamó a continuación mirando hacia Shola.

–¡Tú di lo que quieras! –se le encaró Shola–. Pero aquí pasa algo. ¡Algo insólito!

Shola se sintió muy satisfecha de su respuesta. Le gustaba mucho aquella palabra: «insólito». Sonaba bien y tenía fuerza. Animada por su repentina facilidad de palabra, siguió argumentando con entusiasmo:

–Si ese perro no está atado, ¿por qué no viene? ¿Carece acaso de patas? ¡Realmente, lo que pasa aquí es inaudito!

«Inaudito». También aquella palabra le gustaba mucho. Sonaba igual de bien que «insólito», y tenía elegancia.

–Lo único que pasa es que Angeliño no quiere dejar su puesto de vigilancia. No hay más misterio.

Shola alargó el cuello y miró hacia los alrededores.

–¿Su puesto de vigilancia? ¡Pero si aquí no hay nada que vigilar! ¡Si se trata de un lugar inhóspito!

Realmente, estaba muy contenta de su manera de hablar. «Inhóspito». ¡Qué palabra! Era aún mejor que las dos anteriores.

–¡Compórtate, Shola, y no digas tonterías! –la reprendió el señor Grogó–. ¿Cómo puedes hablar así de este lugar? El paisaje es ameno y delicioso, las ovejas son más blancas y bonitas que en ningún otro sitio, los árboles parecen verdes y felices...

–¡Los árboles sí, pero los perros seguro que no! –le interrumpió Shola–.

¡No al menos ese perro que está atado en la cabaña!

Begoña se echó a reír. Estaba de buen humor.

–No me acordaba del carácter de los perros de ciudad. ¡Muy listos, los perros de ciudad! ¡Demasiado listos, incluso! –dijo–. Vayamos ahora donde Angeliño. Aclaremos este misterio.

La cabaña estaba llena de muebles viejos, entre los que sobresalía un gran arcón. Allí, con los ojos puestos

en un agujero que el arcón tenía junto a la base, estaba Angeliño, el perro de Begoña. Por un momento, pareció estar en calma, pero pasó aquel momento y Angeliño ya estaba moviendo la cola y ladrando.

–Así lleva tres días. Empiezo a estar preocupada –dijo Begoña.

–¿Qué le pasa? –preguntó el señor Grogó.

–Pues resulta que, hace precisamente tres días, Angeliño vio salir de ese agujero a un ratón. «¡Pelea contra mí!», le gritó. Pero el ratón volvió a meterse dentro y desapareció de su vista. Desde entonces no hay quien lo saque de esta cabaña. ¡Está obsesionado!

Shola se quedó pensando en lo que acababa de oír. «Obsesionado», había dicho Begoña. Parecía una palabra interesante.

–O sea que obsesionado –dijo. Efectivamente, sonaba bien. Al decirla, se le llenaba a uno la boca.

–¡Pelea contra mí y vas ver lo que es bueno, Ratiño! –gritó entonces Angeliño. Hablaba como la gente de aquellas colinas, con mucho acento.

–Nunca lo había visto así –dijo Begoña–. Ni come ni duerme. Acabará poniéndose enfermo.

–¿De qué raza es? ¿Ratonero? –preguntó el señor Grogó.

–Yo creo que no. Pero ahora tengo mis dudas.

–¡Asombroso! ¡Verdaderamente asombroso! –exclamó Shola.

Begoña y el señor Grogó pensaron que se refería al comportamiento de

Angeliño, pero no se trataba de eso. Lo que había asombrado a Shola era el aspecto de aquel perro. Era igual que ella: tenía sus mismos ojos, sus mismas orejas, su mismo pelo. Solo se diferenciaban en la envergadura. Angeliño era más pequeño que ella.

–¡Pelea contra mí y vas ver lo que es bueno, Ratiño! –volvió a chillar Angeliño, y Shola se dio cuenta de que también se parecían en aquello. Chillaban igual.

–¡Angeliño! –gritó Begoña–. ¿No vas a saludar a mis amigos?

–Saludaría de buena gana, pero es que no doy hecho. De aquella el

Rato aprovecharía el momento para marchar –respondió Angeliño sin levantar los ojos del agujero del arcón.

–¡Qué forma de hablar tan peculiar! –comentó el señor Grogó.

–Así es. Hay veces que ni yo misma le entiendo –le respondió Begoña.

Luego se dirigió a su perro:

–Saluda con tranquilidad, que yo vigilaré el agujero.

Angeliño no conocía las reglas de la cortesía, porque se pasaba todo el tiempo en la cima de aquella colina, sin más compañía que Begoña y las ovejas. Su forma de saludar fue bastante ruda.

–¡A ver, ho! –le dijo al señor Grogó–. ¿Cómo estás, filliña? –dijo a Shola.

–¿Qué significa «filliña»? –preguntó Shola.

–Chiquitilla, pequeña –le informó Begoña.

–O sea, que soy pequeña –dijo Shola un poco molesta–. Entonces, ¿tú qué eres?

–¡Y luego qué voy ser! ¡Filliño! ¡Pareces parva!

Angeliño se giró hacia el arcón para seguir con su vigilancia. Pero, un instante después, ya estaba mirando de nuevo a Shola.

–¿Y a qué vinisteis? –le preguntó.

–De vacaciones –le respondió Shola.

–O sea, que andáis a pasar el tiempo.

–Pues sí.

–Y luego, ya que viniste, ¿por qué

no me ayudas? ¡Seguro que entre los dos esmagamos de todo al Rato!

–¿«Esmagamos»? ¿Y qué significa eso? –preguntó Shola.

–Se refiere a que entre los dos podéis darle caza –explicó Begoña.

El señor Grogó aplaudió aquella propuesta y pidió a Shola que aceptara. Estarían muy bien los dos juntos, charlando, compartiendo cosas.

–Tú le puedes ayudar mucho, Shola –intervino Begoña susurrándole al oído–. No hablo de cazar a Ratón. Hablo de ayuda psicológica. La necesita de verdad. Sin ella, continuará obsesionado por toda la eternidad.

Shola se quedó mirando a la mu-

jer. ¡Qué forma de hablar! «Eternidad», «ayuda psicológica»... ¡Aquellas palabras aún eran más interesantes que «obsesionado»!

–Pues no sé si quiero ayudarle –se resistió Shola. No se le olvidaba lo de filliña.

–Ya te has dado cuenta, ¿verdad? –le dijo Begoña con voz persuasiva–. Angeliño y tú sois iguales. Puede que vuestra cultura y costumbres sean diferentes, pero, en cuanto a la familia, no cabe duda de que los dos pertenecéis a la misma. Y los familiares están para eso, para ayudarse.

Shola se quedó pensativa. Necesitaba tiempo para entender aquellas frases tan elegantes de Begoña: «Puede que vuestra cultura y costumbres sean diferentes, pero, en cuanto a la familia, no cabe duda de que los dos pertenecéis a la misma». Realmente, era una pastora muy especial.

–¿No vamos a comer nada? Tengo

hambre –dijo el señor Grogó con jovialidad. Se sentía contento en aquella colina, lejos de la ciudad, con todas las vacaciones por delante.

–¿Te apetece comer el queso que hago en casa? ¡Un queso completamente artesanal!

–¡Naturalmente! ¡No hay nada que me guste tanto como el queso artesanal!

Los dos salieron fuera, charlando y riéndose, como dos viejos amigos. Shola dudó entre seguirles o quedarse donde estaba, en aquella cabaña llena de muebles viejos. Al final se decidió por lo segundo. Debía quedarse junto a Angeliño. Su cultura y

costumbres eran diferentes, pero ambos pertenecían a la misma familia.

–Sácateme de ahí y pónteme nese recunchiño –le dijo entonces Angeliño señalándole uno de los lados del arcón. Después se puso a chillar–: ¡Sale, Rato! ¡Sale de ahí si es que te atreves!

–¿De dónde, Angeliño, tanto odio a Ratón? No hay ningún motivo, en mi opinión –le dijo Shola con voz suave. Si le quería ayudar psicológicamente, debía hablar así. Con toda la cultura posible.

–Tampoco yo no siento odio –le respondió Angeliño–. Pero el día que vi salir dese buraco al Rato, algo se me prendió en el corazón. Oí dentro mía unos ladridos bien fondos y me sentí cazador.

–No te preocupes. A mí me sucedió algo muy parecido hace unos años. Primero se pasa mal, pero luego las obsesiones se van y todo vuelve a la normalidad.

Shola se quedó bastante contenta de la respuesta. Realmente, le gustaba hablar así, con seriedad y cultura.

–¡Que se pasa mal! ¡Ai, filliña, no digas trapalladas! –le contestó Angeliño con desvergüenza–. ¡Lo que a mí no te me gusta nadiña es andar con esas ovejas tan parvas! ¡En cambio, esto de ser cazador te está muy bien!

–Entonces, ¿qué piensas hacer? ¿Quedarte en esta cabaña para siempre? –le dijo Shola con la paciencia de una hermana mayor–. ¿Acaso no quieres saber del mundo? Ten en cuenta que el mundo es muy grande

y está lleno de cosas extraordinarias. Ahí tienes las pirámides de Egipto, por ejemplo. O la muralla china. Sería una pena perder todo eso por un simple ratón.

–Pero ¿de qué mundo hablas, filliña? ¡A mí lo que te me gusta es esta cabaña!

No, no iba a resultar fácil ayudar psicológicamente a Angeliño. Podría resultar imposible, incluso. Era indudable que Angeliño y ella pertenecían a la misma familia, pero en cuanto a la cultura... A Angeliño la muralla china le importaba poco. A ella, en cambio, mucho. Si no mucho, bastante. Y lo mismo las pirámides de Egipto. A Angeliño le traían sin cuidado. En cambio, a ella le importaban mucho. Si no mucho, bastante.

–¡Hasta luego! –le dijo Shola a Angeliño dirigiéndose a la puerta de la cabaña.

–¿Ónde vas?

–Voy a hablar con Begoña y con Grogó.

–¿Me vas dejar soliño?

–Sí.

–¡Eres bien repugnante, ho!

Shola se dirigió hacia la casa donde estaban Begoña y el señor Grogó. Quería hablar con ellos y anunciarles que desistía. No podía ayudar a

Angeliño. En realidad, no tenía ganas. Prefería andar con las ovejas o pasear sola por la colina.

Encontró a Begoña y al señor Grogó sentados en el porche de la casa. Estaban comiendo pan y queso.

–¡Eres una artista haciendo queso! –exclamó en aquel momento Grogó dirigiéndose a Begoña–. ¡Hacía tiempo que no probaba algo tan rico!

Parecía muy contento. Cada vez que una pizca de queso entraba en su boca, se le cerraban los ojos de puro gusto.

–Aquí tenemos a Shola –dijo Begoña sin tomar en cuenta el elogio.

–¿Qué quieres? –le preguntó el señor Grogó.

Shola se confesó ante ellos. No se sentía capaz de ayudar a Angeliño.

–Él es pequeño, pero su problema

es grande. No me puedo hacer cargo –resumió al final.

–Como quieras, Shola –le dijo Begoña–. No tienes obligación de cargar con nada. Tú has venido aquí de vacaciones, no para solucionar el problema grande de nuestro pequeño perro.

–Vete a pasear con las ovejas, Shola –le dijo el señor Grogó–. Deben de ser unos animales muy interesantes. Basta probar este queso para suponerlo.

Shola no se esperaba tanta comprensión. Pensaba que Begoña y el señor Grogó le rogarían una y otra vez que no abandonara, que insistirían en sus peticiones: «¡No dejes a Angeliño sin ayuda psicológica! Está obsesionado y no saldrá de su obsesión a no ser que tú le ayudes!». Pero, en lugar de ello, todo eran facilidades. Si no quería estar con Angeliño, adelante, no pasaba nada.

Shola se alejó de Begoña y del señor Grogó dejándolos con su pan y con su queso. Vio entonces a las ovejas que pastaban en la ladera de la colina y se quedó mirándolas. ¿Tendrían aquellos animales alguna noticia de la muralla china? ¿Sabrían algo de las pirámides de Egipto? Probablemente no. Las ovejas no eran de su cultura. Y lo peor era que ni siquiera eran de su familia. Angeliño, en cambio... no era de su cultura, pero sí de su familia. Tenía sus mismas orejas, su mismo pelo, sus mismos ojos.

Reflexionó un rato y decidió volver a la cabaña. No podía abandonar a aquel familiar. Tenía que apoyarle en su lucha contra Ratón.

Al principio, Ratón no dio señales de vida, y Shola pensó que, aburrido

como debía de estar de los ladridos y gritos de Angeliño, ya se habría marchado de la cabaña. Pero, al segundo día, apareció. Salió del agujero del arcón y corrió como una sombra hacia una pila de leña. Shola y Angeliño se quedaron con la boca abierta.

Ratón se encaramó a lo alto de la pila de leña y se los quedó mirando tranquilamente. No parecía asustado. Todo lo contrario.

–¡Pelea contra mí y vas ver lo que es bueno, Ratiño! –gritó Angeliño precipitándose hacia él.

No llegó hasta lo alto de la pila. Tropezó en su carrera y se fue al suelo junto con un montón de trozos de leña. Mientras, Ratón, allá arriba, tan tranquilo.

–¡Vas ver! –gritó Angeliño dirigiéndose de nuevo hacia su enemigo. Fue inútil. Nada más ponerse él en marcha, Ratón dio un salto y desapareció por el agujero.

A partir de aquel suceso, la obsesión de Angeliño fue a más. El día se le iba en ladridos y chillidos; la noche, en pesadillas y ronquidos. Para Shola, lo peor era la noche.

–¡No he pegado ojo! –se quejó una mañana.

–Yo tampoco no lo pegué –le respondió Angeliño.

–¡Cómo que no! ¡Si te has pasado

toda la noche roncando! –exclamó Shola ofendida.

–¡Roncar roncaría, sí, pero no di dormido en toda la noche!

–¡Eso es imposible!

–¡Será imposible en la ciudad, pero aquí, en la aldea, pasa seguido!

No se podía razonar con Angeliño. Estaba confundido, ciego, dominado por la obsesión. Shola pensó que, de continuar aquello así, acabaría por enloquecer. Tenía que hablar seriamente con él.

–Ven conmigo, Angeliño. Vamos a salir fuera un momento.

–¿Salir afuera? ¿Y luego, para qué?

–Tenemos que hablar. Así no podemos seguir.

–¡Siempre andas igual, Shola! ¡Eres bien mexeriqueira!

Shola suspiró. Realmente era difícil tratar con su familiar del campo. En lugar de decir que era «exigente» o «meticulosa», la llamaba «mexeriqueira».

–¡Vamos! –insistió.

–Tanto me tiene que me digas aquí mismo todo lo que me tengas que decir.

–Por prudencia, Angeliño. Este ratón parece bastante listo. No quiero que nos escuche.

Salieron por fin fuera y se tumbaron encima de una roca. Era un día bonito, azul, con un sol muy redondo. Daba gusto estar allí después de tantos días de cabaña.

Shola habló como una hermana mayor.

–Tienes que comprenderlo, Angeliño. Del modo que lo estamos ha-

ciendo, nunca cogeremos a Ratón. Necesitamos actuar con estrategia.

–¡Bien que hablaste! ¡Por mí, conforme! ¡Ahora voy vigilar! –exclamó, y salió corriendo hacia la cabaña.

Shola no se movió. Continuó tumbada en la roca, mirando a la lejanía con seriedad, como una auténtica hermana mayor.

Angeliño regresó enseguida.

–¿Y qué viene siendo eso de la «estrategia»? Aquí en la aldea no te pienses que la usamos mucho –dijo.

–Hay que engañar a Ratón y traerlo hasta donde nos interese –le respondió Shola, más seria que nunca–. Para ello nos valdremos del queso. Le pondremos un trozo de queso en uno de los rincones de la cabaña y, cuando él acuda a comerlo... ¡zas!, nos abalanzamos sobre él y lo cazamos.

–Pues no te sé, filliña. Tu estrategia no te me parece muy buena –dijo Angeliño poniendo cara de duda–. A mí no me presta nada el queixo.

–A ti no, pero a Ratón sí. A Ratón el queso le encanta. La estrategia es muy buena –dijo Shola con decisión–. ¡Ahora mismo voy a por un trozo!

Shola encontró a Begoña y al señor Grogó leyendo tranquilamente en el salón de la casa. En cuanto les explicó sus planes, ellos aceptaron encantados. Le dijeron que hacía bien en ayudar a Angeliño, y que su estrategia les parecía adecuada.

–Te daré un trozo del mejor queso

–le prometió Begoña–. En cuanto Ratón sienta su olor, saldrá de su escondrijo y correrá en su busca.

–Conviene que el queso esté en un platillo –añadió Grogó–. Cuando Ratón se ponga a comer, el platillo se moverá y hará ruido.

–Puede que sí, pero no hará falta. No le quitaremos ojo al queso –dijo Shola.

–No te confíes –le contestó el señor Grogó–. Bastará un despiste vuestro para que Ratón llegue y... ¡zas!, os deje con las ganas. No olvides que se trata de un animal muy inteligente. ¡Extraordinariamente inteligente!

–¿Tanto? –preguntó Shola preocupada.

–Tanto –le respondió el señor Grogó con seguridad–. Según leí el otro día, es más inteligente que el elefante. ¡Con lo grande que es la cabeza del elefante! ¡Con lo pequeña que es la de él! A pesar de ello, le lleva ventaja.

–¡Se hará lo que se pueda! –dijo Shola cogiendo el trozo de queso que en ese momento le ofrecía Begoña.

–¡Suerte con la estrategia! ¡Ánimo! –escuchó Shola al salir de la casa.

Pero las cosas no salieron bien. La estrategia falló. Colocó Shola el trozo de queso en el platillo, colocó a Angeliño en el sitio adecuado para vigilar, se colocó ella misma... y nada. Esperaron una hora, esperaron dos, esperaron tres... y nada. Cuando, al cabo de aquel tiempo, Shola se acercó al platillo y miró qué había dentro, vio que allí no había nada. ¡El trozo de queso había desaparecido!

–¡Angeliño! –gritó Shola.

–¡Pelea contra mí y vas ver lo que es bueno, Ratiño! –gritó su familiar acercándose de un salto.

–¡Calla, por favor! ¿No ves que Ratón se ha llevado el queso?

–¡Lo llevó! ¡Nos salió bien rabudo!

–Nos ha tomado la delantera –suspiró Shola–. ¡Qué animal más inteligente! ¡Ni comparación con los elefantes!

–Si cuadra, la estrategia era buena –dijo Angeliño.

A Shola le gustó el comentario. Así era como debían comportarse los familiares. Con comprensión. Era bonito que los familiares se comprendieran y perdonaran los fracasos.

–Yo creo que el trozo de queso era demasiado pequeño –dijo Shola después de pensar un rato–. Por eso se lo ha podido llevar tan fácilmente. Pero la próxima vez le pondremos un trozo más grande. ¡Le pondremos medio queso! De esa manera, Ratón tardará más en arrastrarlo, y entonces...

–¡De aquella, lo agarramos bien agarrado! ¿O no? –remató Angeliño.

Begoña y el señor Grogó se quedaron un poco preocupados cuando

Shola les explicó lo sucedido. Aún más preocupados cuando Shola les pidió aquel medio queso que creía necesitar. Era una pena –así lo dijo el señor Grogó– emplear para la caza un alimento tan rico. Sin embargo,

Shola reaccionó diciendo que «cuando el problema es grande, el remedio debe tener un buen tamaño», y al final, Begoña se mostró de acuerdo. Le daría medio queso, y además un biombo.

–Si colocáis el biombo cerca del platillo y os escondéis detrás, la caza resultará más fácil –le dijo a Shola.

–Cogeremos a Ratón esta misma noche –afirmó Shola con decisión–. No fallaremos.

–Yo no lo veo tan claro –dijo el señor Grogó–. Tenéis enfrente a un enemigo muy inteligente. Fíjate qué cabeza tan grande tienen los elefantes, y sin embargo...

–¡Ya lo sé! ¡No hace falta que lo repitas! –le interrumpió Shola. Estaba aburrida de los elogios que el señor Grogó dedicaba a Ratón.

Volvió a la cabaña y colocó el queso –el medio queso– en el platillo.

Luego extendió el biombo.

–Tiene razón Begoña –le explicó a Angeliño–. Al amparo del biombo cazaremos mejor.

–El Rato va necesitar bien de tiempo para llevar con él este cacho tan grande, así que salimos rápido de nuestro escondite y... le saltamos a la chepa –dijo Angeliño repasando el plan, la estrategia.

–¿Preparado? –le dijo Shola.

–¡Veña!

Shola se colocó detrás del biombo y se puso al acecho. El trozo grande de queso le quedaba a muy poca distancia, y pensó que aquellas condiciones eran las ideales para cazar a Ratón, y que si no lo cazaba, el señor Grogó volvería a repetir por tercera vez aquella alabanza suya: «Fíjate qué

cabeza tan grande tienen los elefantes y sin embargo...». Y no, aquello no. Ya estaba harta de las alabanzas a Ratón. Tenía que cazarlo.

Era la hora del atardecer, la hora del silencio y de los pequeños sonidos. Agazapada detrás del biombo, Shola escuchaba aquel silencio, y, de vez en cuando, el balido de una oveja –*Beeee...*–, el canto de un pájaro –*fiiii...*–, el lejano motor de un auto –*oooom...*–, el silbido del viento en la ladera de la colina –*ziiiiiii...*–. Eran sonidos leves, que apenas perturbaban el silencio; sonidos que se repetían rítmicamente, como llevando un compás: *beee, fiiii, oooom, ziiiiiii...*

Poco a poco, mecida por aquellos pequeños sonidos –*beee, fiiii, oooom, ziiiiiii*–, Shola se fue adormeciendo. Le gustaba escuchar aquello: *beee, fiiii, oooom, ziiiiiii, beee... fiiii, oooom, ziiiiiii, KINK... beee, fiiii, oooom, ziiiiiii, KANK... oooom, ziiiiii, KINK KANK...*

–¡Kink! ¡Kank! –gritó Shola despertándose–. ¡El platillo está sonando! ¿Quién anda ahí?

Salió de detrás del biombo y saltó sobre su enemigo.

–Entón, ¿vas querer queixo? –gritó–. ¡Pues ahora vas ver tú lo que es queixo! ¡Bien despierto serás, pero aún te gano yo!

Inmediatamente, los sonidos que

interrumpían el silencio aumentaron y se hicieron presentes en toda la cabaña: *beee, fiiii, oooom, ziiiiiii, KANK, GRRROOO, GRRRUUU, GRRRRRR...*

–Párateme quieta, filliña.

–¡Zah, zah y zah! –gritó Shola sin hacer caso de aquellas palabras. Tenía a su enemigo agarrado del cuello.

–¡Que te me pares quieta!

Al tiempo que oía estas palabras, Shola sintió que alguien le golpeaba en la cabeza con un trozo grande de queso.

–¡Ay! –chilló Shola.

El golpe le hizo entrar en razón

y darse cuenta de lo que pasaba. A quien tenía cogido por el cuello era a Angeliño, no a Ratón.

–¿Y luego, tú qué andabas haciendo aquí? –le preguntó Shola.

–Pues mira, comendo queixo –le respondió Angeliño. Pronunció «omendo eixo», porque, efectivamente, tenía la boca llena de queso.

–¡Qué morro tienes! –exclamó Shola–. ¡Si cuadra, luego andarás diciendo que no te presta el queixo! ¿Y qué pasa con la estrategia? ¿Qué pasa con el Rato?

–Déjate de preguntas y prueba el queixo, Shola –le dijo Angeliño–. ¡Está boísimo!

–Pues, ya que lo dices, voy probarlo.

Shola dio un mordisco al queso. Realmente estaba bueno. Buenísimo.

–No lo papes tú todo, haz el favor, ho –le dijo a Angeliño.

Se tumbaron los dos al lado del biombo y no pararon de comer hasta que se acabó el queso.

–¿Viste qué bien cenamos? –dijo Angeliño.

–¡Cenamos de maravilla! –dijo Shola.

A la mañana siguiente, Begoña y el señor Grogó recibieron una nueva visita de Shola.

–¿Qué haces aquí tan temprano? ¿Ha pasado algo? –le preguntó Begoña.

–El asunto te es muy grave. Y bien más grave de lo que pensé –le respondió Shola–. ¡¡No hay que ser muy listo para darse de cuenta de que Angeliño te nos quedó preso de la obsesión!!

–¿Cómo? ¿Qué dices, Shola? No te entiendo –le preguntó el señor Grogó.

–¡¡Que Angeliño quedó preso de la obsesión!!

–De verdad, no la entiendo –dijo el señor Grogó mirando a Begoña.

–Se le ha pegado el acento de Angeliño, por eso no la entiendes –le aclaró Begoña–. Dice que Angeliño está peor que nunca.

–¿Qué ha ocurrido? –preguntó el señor Grogó.

–Sentar ahí, que vos explico –les pidió Shola. Luego dio comienzo a su exposición–: Pues resulta que yo me esforcé en darle a Angeliño la ayuda psicológica toda que necesitó para cazar al Rato. Pero el Rato es más listo que un ciento de elefantes de cabeza grande, y la cosa resultó imposible. Con lo cual la obsesión de Angeliño es ahora mismo tremenda. Es decir, que, resumiendo, no nos ha de llegar con medio queixo.

–¿No? –dijo Begoña.

–El asunto te es muy grande, y el remedio ha de ser igual de grande.

–¿Cuánto de grande? –preguntó Begoña.

–Precisamos de un queixo enteiro. O, si cuadra, dos queixos enteiros –resumió Shola.

–¿Un queso entero? ¿Dos? ¡No puede ser! –exclamó el señor Grogó escandalizado–. ¡Pero si bastaría con un trocín!

–¿Un cachiño? Pero, meu rei, ¿cómo vas cazar con un cachiño ese animal que te es más listo que un ciento de elefantes juntos?

–Te veo muy cambiada, Shola. No sé por qué actúas así –suspiró el señor Grogó.

–Antes era de la misma familia que Angeliño –dijo Begoña sacando un par de quesos de un armario–. Ahora, de la misma familia y de la misma cultura. A mí no me parece

mal. Que se note que ha pasado las vacaciones en estas colinas.

Begoña entregó los dos quesos a Shola.

–A ver si esta vez conseguís cazar a Ratón –le dijo.

–Gracias –respondió Shola–. Lo intentaremos. Y, si fracasamos, ya volveré buscar más queixo.

–¡Más quesos! –exclamó el señor Grogó con cara de sufrimiento.

–¡Claro! Bien que te gustaría comerlos todos tú –se le encaró Shola–. ¡Pues te amolas!

–¿«Amolas»? ¿Qué significa «amolas» en estas colinas, Begoña?

–Pues quiere decir «te fastidias»...

–¡Vaya! –exclamó Grogó–. Pues, la verdad...

Shola no se quedó a oír el comentario de Grogó. Corrió con sus quesos a la cabaña y se reunió con Angeliño. Y la pregunta es: ¿qué hicieron después? ¿Siguieron con su caza? ¿Se olvidaron de Ratón y se dedicaron por completo al queso? Nadie puede estar seguro, pero a mí me parece que donde esté el *queixo*, que se quite el *rato*...

TE CUENTO QUE BERNARDO ATXAGA...

... antes de dedicarse a la literatura a tiempo completo, desempeñó varios oficios: fue profesor de euskera, guionista de radio, librero e incluso economista. Un buen día, a principios de los años 80, Bernardo decidió dejarlo todo para convertirse en un escritor a tiempo completo. Y su decisión no pudo ser más acertada, pues, no en vano, hoy en día está considerado como el autor más representativo de la literatura vasca. Además, Bernardo es un enamorado de la música de su tierra, hasta el punto de que ha escrito numerosas letras de canciones. Por cierto, Bernardo no es su verdadero nombre...

¿QUIERES LEER MÁS?

¿TE HAS QUEDADO CON GANAS DE LEER MÁS HISTORIAS PROTAGONIZADAS POR SHOLA? ENTONCES NO TE PIERDAS **SHOLA Y LOS LEONES**, la primera aventura de esta perrita en la que, después de escuchar una conversación sobre leones, empieza a creer que ella es toda una leona y decide comportarse como tal.

SHOLA Y LOS LEONES
Bernardo Atxaga
EL BARCO DE VAPOR, SERIE AZUL, N.º 77

TAMPOCO TE PIERDAS **SHOLA Y LOS JABALÍES**. En esta ocasión, la perrita acompañará al señor Grogó a cazar jabalíes. Shola piensa que los jabalíes son como ovejas, solo que muy negros y muy morrudos. Pero cuando va a la cacería, se da cuenta de lo equivocada que estaba.

SHOLA Y LOS JABALÍES
Bernardo Atxaga
EL BARCO DE VAPOR, SERIE AZUL, N.º 106

PERO, ESPERA, HAY MÁS HISTORIAS PROTAGONIZADAS POR PERROS; SIN IR MÁS LEJOS, **GRAN-LOBO-SALVAJE.** Esta novela nos cuenta las peripecias que tiene que pasar un grupo de canes sumergidos en la búsqueda de Gran-Lobo-Salvaje, el antepasado de todos los perros.

GRAN-LOBO-SALVAJE
René Escudié
EL BARCO DE VAPOR, SERIE AZUL, N.º 7

CLARO, QUE NO TODO VAN A SER PERROS. EN **DIARIO DE UN GATO ASESINO** descubrirás a Rasputín, un felino doméstico que se ha metido en un buen lío: Rasputín nos cuenta, a través de las páginas de su diario, la que se arma en su casa cuando aparece con un pájaro muerto en la boca.

DIARIO DE UN GATO ASESINO
Anne Fine
EL BARCO DE VAPOR, SERIE AZUL, N.º 84